JACQUES DE LA ROQUE,

*Second Consul anno 1514, idem ann. 1522,
idem ann. 1530, fondateur de l'Hospital
S.ᵗ-Jacques ann. 1519.*

NOTICE

HISTORIQUE

SUR

JACQUES DE LA ROQUE,

FONDATEUR DE L'HOPITAL SAINT-JACQUES D'AIX;

PAR

J.-L.-G. MOUAN,

Avocat, Sous-Bibliothécaire.

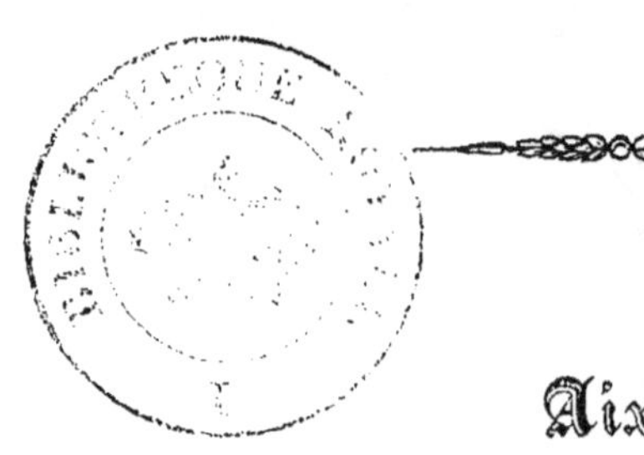

Aix,

DE L'IMPRIMERIE DE PONTIER,
Rue des Jardins, N° 14.

OCTOBRE 1834.

NOTICE HISTORIQUE

SUR

JACQUES DE LA ROQUE,

FONDATEUR DE L'HOPITAL SAINT-JACQUES
D'AIX.

TANDIS que l'histoire transmet à la postérité jusqu'aux moindres détails de la vie des conquérants célèbres trop souvent les fléaux de l'humanité, elle conserve à peine dans ses annales le souvenir de l'homme précieux dont l'existence ne fut qu'un enchaînement de vertus et d'actions de bienfaisance.

JACQUES DE LA ROQUE nous offre un exemple de cette vérité. Si nos historiens font quelque mention de lui, ce n'est qu'au sujet de l'Hôpital qu'il construisit à ses propres frais, et leurs volumineux écrits ne nous apprennent pas même quelle fut l'année de sa naissance (1) ;

(1) Pitton, Hist. d'Aix, se borne à le mentionner dans sa table chronologique des consuls de 1244 à 1665. Le même auteur, *Annales de la sainte Église d'Aix*, indique la fondation de l'hôpital.

De Haitze indique ses trois consulats : l'acte de fonda-

nous nous sommes livré à quelques recherches sur ce bienfaiteur de l'humanité , et nous
avons cru nous rendre intéressant auprès de
nos concitoyens , en leur communiquant le
résultat de notre travail.

JACQUES DE LA ROQUE ou DE LA ROCHE naquit
vers la fin du quinzième siècle (1), de Mitre
de La Roque exerçant la profession de pelletier,
et de Jeanne Sannahon ou Sanchon (2). Il habitait
une maison située dans la rue du Bon-Pasteur,
alors rue des Trabauds ou des Trubalts (3). Les
événements de sa vie nous sont totalement in-

tion de l'Hôpital Saint-Jacques ; la clause du testament
qui exclut de son administration les Ecclésiastiques ; et la
disposition relative à la sépulture de Jacques de La Roque.

(1) Les plus anciens registres des paroisses de la ville d'Aix,
déposés soit au greffe du tribunal , soit aux bureaux de
l'état civil , ne remontent qu'au milieu du seizième siècle;
on peut placer, toutefois, la naissance de Jacques de La
Roque vers l'année 1480 , puisque nous voyons qu'il fut
consul une première fois en 1514 , et que l'âge de 30 ans
était requis pour ces fonctions.

(2) *Filius nobilis viri Mitrii de Ruppe , pelliparii , et nobilis et honestœ mulieris Johannœ Sannahonœ.*
Testament de Jacques de La Roque.

(3) C'est le plus ancien nom qu'ait porté cette rue formée au commencement du quatorzième siècle. Il venait
d'une famille qui y possédait une maison, et dont il existait
encore des descendants vers la fin du dix-septième siècle.
De Haitze , Topographie de la ville d'Aix , mst.

connus jusqu'à l'année 1514 (1), époque où il fut nommé consul avec Louis Duranty , Honoré Silvy et Louis Capussi , en qualité d'assesseur. L'installation des nouveaux consuls fut suivie de la réception du nouveau gouverneur (2) de la Province, Jean de Poitiers , marquis de Coteron , seigneur de Saint-Vallier ; lequel joignait à cette charge, celle de grand sénéchal (3); ce premier consulat de Jacques de La Roque ne fut d'ailleurs signalé par aucun événement important.

Nommé consul , pour la seconde fois , en 1522, Jacques de La Roque eut pour collègues

---

(1) De Haitze , Hist. manuscrite de la ville d'Aix , tom. 2.

(2) Le gouverneur , en Provence , était toujours l'un des deux commissaires chargés par le Roi de convoquer les états ou les assemblées provinciales , d'y assister en son nom , et d'y communiquer les intentions de Sa Majesté. De très-grands honneurs lui étaient rendus , non-seulement lors de sa première entrée , mais encore dans tout le cours de sa résidence.

(3) Les premiers gouverneurs de la Provence , après sa réunion à la France , étaient en même temps *grands sénéchaux*. La charge de grand sénéchal fut , de temps immémorial, la plus importante de l'État , puisque ce fonctionnaire réunissait en sa personne toutes sortes de pouvoirs ; aussi son excessive autorité ne tarda pas à donner de l'ombrage aux souverains ; la reine Jeanne et les princes de la seconde maison d'Anjou s'attachèrent constamment à la réduire.

Jean Guiran , Guillaume Aquillenqui et Jacques Guerin , en qualité d'assesseur (1). Les circonstances n'étaient pas des plus favorables : une peste horrible venait de ravager la cité pendant quatorze mois consécutifs , et le parlement avait été contraint de se retirer à Manosque , au nombre de huit juges avec le président. Ce fléau que Pitton (2) attribue à la destruction de l'Église de Notre-Dame de la Seds , et à un refroidissement de dévotion envers la sainte image de la Mère de Dieu , ne disparut entièrement , suivant le même historien , que par l'apparition miraculeuse de feux et de lumières sur les ruines de l'ancien temple. Aussi les habitants firent-ils le vœu de le reconstruire et d'y rétablir la statue de la Vierge déposée à Saint-Sauveur , ce qui fut exécuté. Deux années après , le parlement fut encore forcé de quitter Aix , par suite des guerres funestes que Charles de Bourbon vint apporter en Provence.

En 1530 (3), troisième et dernier consulat de Jacques de La Roque ; les autres consuls furent Guillaume Matheron , seigneur de Pey-

(1) De Haitze , tom. 2.

(2) Histoire d'Aix , pag. 256.

(3) De Haitze , tom. 2.

nier, Dominique Bourrillon et Sébastien Brunelle, docteur ès droit, en qualité d'assesseur. Jacques de La Roque ne sortit de charge qu'à la fin de 1531 ; le calme si violemment troublé les années précédentes fut rendu à la Provence par la paix conclue entre François premier et Charles-Quint, que cimenta le mariage du Roi avec Éléonore sœur de l'Empereur. Divers changements s'opérèrent à Aix, parmi les hauts dignitaires, sous ce troisième consulat ; et le chef de l'Université, qui jusqu'à cette époque avait pris le titre de recteur, fut alors qualifié de *primicier* ; nous signalerons encore la révocation de la vénalité des offices de viguier (1), de juge et de clavaire (2), vénalité dont les suites funestes se faisaient déjà vivement ressentir, et qui prolongée plus long-

(1) La Provence était anciennement divisée en universités ou communautés, sous un chef qui leur servait d'aide, de conseil et de directeur pour les affaires publiques. Ces communautés étaient appelées *Vigueries, Bailliages, Vaux* ou *Vallées.*

Voy. Honoré Bouche, tom. 1, pag. 344.

(2) Les clavaires étaient, dans l'origine, des officiers chargés de la garde des clefs d'une ville. Ils furent ensuite receveurs des deniers perçus pour le compte du souverain ou du pays, et commissionnés pour connaître des matières domaniales. En 1483, ils devinrent trésoriers de France. Leur office fut supprimé par l'édit de réformation de 1535.

temps aurait entraîné là ruine du peuple , par la multiplicité d'officiers qu'elle produisait.

Si ces honneurs du consulat (1) témoignent hautement en faveur de l'estime et de la considération dont Jacques de La Roque jouissait dans la cité , sa bienfaisance , son inépuisable charité rendront sa mémoire précieuse dans tous les temps ; c'est surtout sous ce dernier rapport qu'il mérite de fixer toute notre attention.

Dès l'année 1518 , il avait commencé à réaliser le plan de son Hôpital , en construisant une maison qu'il destinait aux pauvres de la ville , dans un enclos situé au bourg Saint-Sauveur (2), dont le chapitre avait la juris-

(1) Sous les comtes de Barcelonne et d'Anjou , les consuls étaient désignés sous le nom de *syndics* ; ils étaient au nombre de trois , plus un assesseur qu'on appelait l'avocat du conseil , et leur autorité durait plusieurs années. En 1409 , le nom d'avocat fut changé en celui d'*assesseur*. En 1496 , Charles VIII , roi de France et comte de Provence , changea le nom de syndic en celui de *consul*.

Voy. Pitton, p. 140, pour le mode d'élection des consuls.

(2) L'un des trois quartiers de l'ancienne ville , au septentrion. On l'appelait *Saint-Sauveur*, à cause de la chapelle de la Transfiguration située dans son enceinte ; les deux autres quartiers étaient connus sous le nom de ville des Tours ou de Ville archiépiscopale et de Ville comtale. En 1385 , la ville des Tours fut ruinée et abandonnée. Le bourg et la ville comtale furent réunis vers la fin du quatorzième siècle. On sait que le *Portalet*, place des Prêcheurs , et

diction temporelle. Cet enclos supportait en faveur du chapitre diverses redevances dont il est inutile de donner ici le détail ; en 1519, Jacques de La Roque pria les chanoines de le délivrer par contrat de tout cens et service, en considération de ce qu'il prenait soin de la fabrique et construction de l'Hôpital, promettant de parachever son œuvre, dans un court espace de temps : le chapitre s'empressa d'acquiescer à de si justes réclamations, et par acte du 3 mai 1519, Jacques de La Roque fut solennellement affranchi de toutes redevances. Cet acte est encore considéré aujourd'hui comme le véritable titre de fondation de l'Hôpital (1).

Le pieux fondateur ne songea plus qu'à consacrer sa fortune et ses soins au service de son Hôpital ; il employait à ce saint exercice tous les instants dont ses fonctions consulaires lui permettaient de disposer. Mais à la pratique de la charité, il voulut encore joindre

l'*arc* au-dessous de la tour de la grande-horloge étaient deux portes de la ville comtale ; vis-à-vis de cette dernière était la porte du bourg, dite *Pouerto deis Escourregus* ou *Escourtegas*, parce qu'on y faisait passer dessous les condamnés au fouet.

Manuscrits de Saint-Vincens.

(1) Voy. la note A.

le patriotisme et l'amour pour la cité qui l'avait vu naître.

Sous son 3me consulat, et le 8 octobre 1531, Jacques de La Roque prend la parole dans une réunion de conseillers de ville (1), il se félicite de voir ses concitoyens assemblés, et il déclare faire donation à la ville de son Hôpital. Touchés de la générosité du consul, et prenant en considération l'ordre et la discipline qu'il avait su introduire dans cette maison, les délibérants arrêtèrent sur-le-champ, que pour correspondre à la charité de Jacques de La Roque, tous les biens des autres hôpitaux de la ville seraient réunis à celui du vertueux consul. Ces hôpitaux étaient en assez grand nombre dans la ville d'Aix (2). On distinguait

(1) Ils furent établis par lettres-patentes du roi Robert; ce prince ordonna qu'on ferait choix de vingt personnes les plus notables parmi les gentilshommes, les bourgeois et les marchands, lesquelles prendraient le soin des affaires communes conjointement avec les syndics, et que ceux-ci ne pourraient rien faire d'important, sans leur participation; ce règlement ne fut toutefois en état que sous la reine Jeanne qui succéda à Robert. Le nombre des conseillers de ville s'accrut par la suite, en proportion du nombre d'habitants.

Pitton, pag. 140.

(2) Quoique d'après l'organisation actuelle, les Hospices qui ont été conservés ne soient qu'au nombre de quatre, Saint-Jacques, la Charité, les Insensés, les Incurables,

surtout les Pauvres malades, les Convalescents, les Enfants exposés et abandonnés , les Nourrices , les Passants et les Pélerins , l'entrepôt pour les Filles enceintes. Le but de ces diverses fondations était louable sans contredit ; mais faites à diverses époques , elles ne remplissaient pas toujours parfaitement les intentions de leurs auteurs , soit par leur isolement , soit par leur trop grande spécialité ; une pareille réunion ne pouvait qu'assurer le bien être des pauvres , et de Haitze observe avec raison, qu'un corps de communautés est toujours en droit de procurer l'avantage de la Commune, lorsque surtout l'intérêt des pauvres s'y rencontre (1). Aussi l'acte d'union énonçait-il que, comme plusieurs morceaux de bois réunis font un plus grand feu que s'ils étaient dispersés et allumés séparément , ce serait un grand bien de rassembler tous les hôpitaux de cette ville , et de les unir pour toujours à celui de Saint-Jacques (2).

on peut dire cependant que les attributions qui leur sont conférées les mettent à même de remplir de la manière la plus satisfaisante , les intentions des personnes pieuses qui avaient fondé les anciennes œuvres.

Voy. la note B , où nous avons réuni tout ce qui concerne les hôpitaux et les anciennes maisons de charité.

(1) De Haitze , tom. 2.

(2) Voy. la note C.

Cependant, nous verrons par la suite que cette délibération ne fut pas scrupuleusement observée par les directeurs de ces diverses maisons de charité.

Ce fut peu de temps après cette délibération que Jacques de La Roque mit le sceau à son ardente charité pour les pauvres, en instituant l'hôpital Saint-Jacques son héritier, par testament du 25 juin 1532, notaire Borrily, à Aix.

Cette pièce soigneusement conservée dans les archives de l'hôpital (1), et que Messieurs les administrateurs nous ont communiquée avec beaucoup d'obligeance (2), renferme des détails longs et minutieux, qui ne laissent pas pourtant de piquer la curiosité, soit qu'on les attribue aux mœurs et usages de l'époque, soit qu'on les représente comme le résultat de l'excessive prévoyance de Jacques de La Roque. On y trouve relatés divers textes de l'Écriture sainte sur l'obligation d'exercer la charité, les récompenses destinées aux personnes miséricordieuses, les justes punitions que Dieu réserve à ceux qui ne pratiquent point les devoirs

(1) Reg. grands bureaux, tom. 1.

(2) Nous prions M. le conseiller Rouchon-Guigues, de recevoir ici l'expression de notre sincère gratitude, pour l'intérêt spécial qu'il a bien voulu apporter à nos recherches.

de l'hospitalité , etc. Tout est prévu et réglé avec la plus grande exactitude , pour que la volonté du testateur soit entièrement accomplie , et pour qu'on ne puisse pas y contrevenir impunément ; les nombreuses clauses que l'acte renferme commencent toutes par ces mots : *Item , volo , jubeo et ordino , ego prædictus Jacobus de Ruppe* (1) , *testator , etc.*

Mais sans pousser plus loin ces indications, ne relatons du testament de Jacques deLa Roque, que ce qui se rapporte spécialement à notre sujet.

Le testateur commence par donner des preuves non suspectes de sa piété et de son respect pour la Religion ; il invoque le Très - Haut ,

____

(1) Cette traduction de de La Roque par *De Ruppe* était conforme à l'usage si répandu dans le seizième siècle de latiniser les noms propres. On peut dire que le savant historien de Thou a vraiment abusé de cette faculté , soit par sa latinisation des noms propres , soit en exprimant ceux des charges par un mot simple ou composé analogue aux fonctions si différentes à Rome , de ce qu'elles sont chez nous; ainsi *Interamnes* est le nom latin d'Entraigues; *Paludanus* celui de Desmarais; *magister equitum*, le connétable, etc. Baillet , *Traité des Auteurs déguisés* , observe avec raison , que s'il est permis aux particuliers, et surtout aux auteurs, de changer ainsi leurs noms en d'autres plus conformes à la langue latine , les historiens ne peuvent prendre une telle liberté en traduisant les noms des autres.

Notre Seigneur Jésus-Christ, sa divine Mère, et enfin toute la Cour céleste (1).

Désignant ensuite le lieu où il devra être enseveli, Jacques de La Roque choisit, dans la chapelle Saint-Mitre de la paroisse Saint-Sauveur, la place qu'il avait lui-même destinée à la sépulture commune de sa famille; c'est là que Mitre de La Roque son père avait été inhumé (2). On sait que le caveau est couvert d'un grand marbre sur lequel est gravée la figure d'un commandeur de l'ordre de Saint-Jean de Jérusalem (3), oncle de Jacques de La Roque (4);

(1) *In primùm et antè omnia recommendo animam meam devoto corde et humili, altissimo, Domino nostro J.-C. ac gloriosæ semperque Virgini Mariæ, totique curiæ cœlestium civium supernorum.*

(2) *Eligo sepulturam corpori meo, sepeliendo quandocunque spiritus ab hoc sœculo et vitá miserabili dignabitur me vocare, videlicet intrà capellam Sancti-Mitrii, venerabilis ecclesiæ metropolitanæ Sancti-Salvatoris dictæ civitatis Aquensis, scilicet in illo loco per me noviter infrà prœdictam capellam constructo, in quo jacet nobilis Mitrius de Ruppe, pater meus.*

Ce passage ne doit plus laisser le moindre doute sur le lieu où repose le pieux fondateur.

(3) Une inscription sépulcrale qui entoure le marbre, est presque illisible aujourd'hui; nous la transcrivons ici le plus fidèlement qu'il a été possible :

Hic jacet no^lis^ *frater.......... de Rupe p°ceptor. vallis drome santi Johanis Jherosolimitani sacre religionis.....: obiit anno dni...... mensis septembris cujus aia. in pac. requiescat.*

(4) Manuscrits de Saint-Vincens, tom. 2.

preuve , dit de Haitze , qu'on se contentait alors
pour l'entrée dans cet ordre de la qualité de
vivant noblement (1) , car on n'en trouve pas
de plus relevée dans la maison de Jacques
de La Roche. De plus grands spéculatifs que moi,
continue l'historien d'Aix, pourront peut-être
y trouver d'autres raisons. Ajoutons que sur
le devant du tableau placé sur l'autel de la
chapelle , et qui représente le martyre de S[t]
Mitre (2), Jacques de La Roque est peint à

(1) Dans les anciennes chartes , le nom de *domisellus* ,
damoiseau, n'est employé que pour les véritables nobles ;
celui de *miles* servait à qualifier les gentilshommes qui
suivaient le prince , et celui de *nobilis* était donné aux personnes riches ou jouissant d'une honnête aisance ; comme
nobilis mercator , nobilis fusterius.

Pitton, pag. 13o.

(2) Le tombeau de St Mitre , placé au-dessus du tableau,
et que supportent des colonnes en granit , fut transféré de
Notre-Dame de la Seds à Saint-Sauveur , en 1383. L'archevêque Aimon de Nicolaï qui siégeait vers le milieu du
quinzième siècle , fit construire la chapelle du Saint, et
il y est enterré lui - même dans une tombe à côté de
celle de Jacques de La Roque. En 1636, M. de Bretel ,
archevêque d'Aix , fit transférer le corps de St Mitre dans
une chasse d'argent où il demeura jusqu'à la révolution ,
époque à laquelle la chasse fut enlevée ; mais les reliques
du Saint que contenait une caisse de bois renfermée elle-
même dans la chasse, échappèrent aux mains sacrilèges ,
et en 1820, Mgr. de Bausset, après avoir constaté leur au-
thenticité , les fit placer dans une chasse dorée. On les
expose aux fêtes solennelles avec celles de St Maximin ,

genoux avec toute sa famille (1).

Le testateur réglant ensuite ses funérailles veut être accompagné à la sépulture par douze pauvres. Il lègue à Catherine Penchinat sa femme (2), la jouissance de toutes ses propriétés, et notamment celle de la maison de la rue des Trabauds et d'une vigne et verger d'oliviers, au quartier du pont de Béraud. Après divers legs à des collatéraux et à des serviteurs, il déclare instituer pour son héritier universel (3) l'Hôpital connu sous le titre

aux deux côtés du maître-autel. Nous avons puisé ces détails dans la légende pour la fête de la translation des reliques de St Mitre, légende qui a été rédigée par M. le chanoine Castellan. *Officia propria Sanctorum ecclesiæ et diæcesis Aquensis.*

(1) Telle est du moins l'opinion de M. de Saint-Vincens. Nous avons cependant comparé le portrait de Jacques de La Roque que possède l'hôpital, et que la lithographie a fidèlement rendu, avec la figure du personnage peint à genoux sur le tableau de St Mitre, et il ne nous a paru résulter de ce rapprochement, aucun point de ressemblance.

(2) *Nobili et honestæ mulieri Catherinæ Penchinatæ, consorti meæ.*

(3) *In omnibus autem aliis bonis meis mobilibus et immobilibus si quidèm moventibus juribus, actionibus et rationibus, quantacunque sint et in quibusdam locis et partibus ac rebus existant et penès quascunque personas,* INSTITUO, ORDINO AC ORE PROPRIO NOMINO EGO JACOBUS DE RUPPE, MIHI HÆREDEM UNIVERSALEM VIDELICET VENERABILE ET DEVOTUM HOSPITALE LAICUM ET NON ECCLESIASTICUM, SUB TITULO SANCTI JACOBI, PATRONI MEI, MEO PROPRIO SUMPTU ERECTUM ET ÆDIFICATUM, etc.

de Saint-Jacques, construit à ses propres frais et situé au haut de la ville d'Aix près de Notre-Dame de Consolation (1), et cela pour tous ses biens meubles et immeubles, droits, actions et raisons ; il institue de même pour ses héritiers les pauvres infirmes, de tout âge et de tout sexe , qui résidaient alors à l'Hôpital , ainsi que tous ceux qui pourront y demeurer par la suite des temps ; il veut que tous ses biens soient employés à l'entretien et à la nourriture de tous ces pauvres de Jésus-Christ , mais seulement pendant le cours de leurs maladies , et c'est , pour le salut de son ame , pour celui de ses parents et bienfaiteurs , pour la rémission de ses péchés et pour la plus grande gloire de Dieu , de St Jacques et de toute la Cour céleste (2). L'in-

(1) Autrement , chapelle de la sainte Résurrection. C'était un des plus anciens monuments sacrés d'Aix ; cette chapelle a donné son nom à la porte de la ville qui est de ce côté , porte qu'on appelait aussi *des Crottes* , à cause d'une maison voisine dite l'Hospice des Crottes , et sur laquelle est bâti le palais archiépiscopal. Les ecclésiastiques de l'église métropolitaine se rendaient annuellement en corps à Notre-Dame de Consolation , le Samedi saint, pour y chanter le *Regina Cœli lœtare* , salutation de la Vierge , pendant le temps pascal.

(2) *Nec non omnes et quoscunque pauperes Christi utriusque sexûs ac pueros etiam utriusque sexûs et infirmos et impotentes , in eodem hospitali existentes et qui perpetuis*

tention du fondateur était sans contredit de n'exclure de son Hôpital aucun malade, quelle que fût sa croyance, parce qu'un des caractères de la vraie charité, c'est d'être universelle ; toutefois nous n'avons trouvé consignée ni dans le testament ni dans l'acte de fondation cette clause que quelques personnes attribuent à Jacques de La Roque, et d'après laquelle tout homme souffrant, *etiam diabolus*, devait être admis dans l'Hospice (1).

Mais il était une condition que des circonstances déplorables commandaient impérieusement à Jacques de La Roque d'imposer à ses libéralités.

temporibus in futurum venire, residere et stare poterunt, et hoc pro educatione substentatione, gubernatione, et servitio dictorum Christi pauperum, dumtaxat durante eorum infirmitate, quod quidèm hospitale pro salute animœ meœ et parentum, benefactorum et meorum redemptione peccaminum, et ad laudem Dei omnipotentis, ipsiusque sancti Jacobi et totius curiœ triumphantis dotari volo omnibus bonis meis, etc.

(1) M. de Jouy, *Hermite en province*, tom. 3, pag. 135, et l'auteur d'*Aix ancien et moderne*, mentionnent cette disposition qu'ils placent, le premier, dans le testament, le second, dans l'acte de fondation, et qu'ils rapprochent de cette autre d'après laquelle on exclura des administrateurs, tout ecclésiastique, *etiam papa* ; nous ignorons à quelle source ces écrivains ont pu puiser la première de ces clauses assaisonnées d'ailleurs, par l'Hermite en province, de quelques réflexions qu'on nous dispensera de rappeler.

Il veut que son Hôpital soit laïque et nullement ecclésiastique ; il manifeste l'intention formelle qu'aucune partie des biens par lui délaissés ne soit transmise aux clercs tant séculiers que religieux, sous quelque titre que ce soit, que nul recteur ecclésiastique ne puisse jamais s'ingérer dans l'administration de l'Hôpital, même avec l'autorité du pape, du légat ou de l'archevêque d'Aix, et cela parce qu'il est tout-à-fait contre sa volonté que l'Hôpital puisse jamais devenir ecclésiastique, et qu'il entend expressément que l'administration en soit particulière, *privata et profana* ; il prohibe à tout ecclésiastique de s'immiscer dans la distribution de ses biens ; il ordonne enfin que lors des visites faites par les Archevêques ou les vicaires, les recteurs ou administrateurs ne seront tenus de leur rendre aucune espèce de compte, répétant encore que l'Hôpital est laïque et non ecclésiastique (1).

(1) *Et quia mens et voluntas est quod hospitale fit quantùm mundus durabit, privatum et pro laïcum et non quovis modo ecclesiasticum, hoc onus expressè impono quod in dictâ constructione, fundatione et bonorum collatione et elargitione fructuum et proventuum bonorum meorum in Christ pauperes, nulla interveniat, etiam cum autoritate papœ, legati et archiepiscopi Aquensis vel alterius, ecclesiastica persona quácunque exfulgeat dignitate ; et ne in futurum pretendi possit ipsum hospitale esse publicum et ecclesias-*

Enfin , pour isoler encore plus son Hôpital de toute participation ecclésiastique , et pour que les biens dont il le dotait ne pussent pas être considérés comme *biens d'Église*, Jacques de La Roque ordonne que l'archevêque d'Aix ou toute autre personne ecclésiastique , n'auront aucun droit à prétendre sur le quart de ces mêmes biens (1), et que leur administration ne pourra jamais être érigée en bénéfice (2).

ticum , quià esset contrà meam voluntatem , administratio sit privata et profana ; defendo et veto quod non interveniat aliqua autoritas , consensus vel licentia dictorum papæ, legati , etc. in fundatione et annexione bonorum meorum..... Veto etiam omnem et singularem visitationem fiendam per archiepiscopum , vicarios: rectores, vel administratores illis non subjiciantur nec alteri cuilibet personæ ecclesiasticæ, minùsque teneantur reddere rationem illis ; repetendo magìs ac magìs hospitale esse laïcum et non ecclesiasticum.

(1) Anciennement l'évêque était chargé du soin de tous les pauvres, sains ou malades , des veuves, des orphelins et des étrangers ; quand les églises eurent des revenus assurés , on en affecta le quart au soulagement des pauvres ; dans la suite, la quarte des pauvres ne se paya plus exactement, et l'abus ou le changement de discipline à cet égard, réduisit même les choses à tel point , que les hôpitaux ne subsistèrent plus que par les libéralités des fidèles.

Durand-Maillane , Dict. de Droit canonique , vᵒ Hôpital.

L'abbé de Recalde , Abrégé historique des Hôpitaux, première partie.

(2) *Veto ne quarta portio debeatur Rev. Archiepiscopo Aquensi et alteri cuilibet personæ ecclesiasticæ , et bona illi annexa et donata possint nec valeant in titulum beneficii vel hospitalis publici et ecclesiastici erigi.*

Cette insistance de Jacques de La Roque à in-
terdire toute espèce de rapport entre l'Hôpital
et les personnes engagées dans les ordres sacrés ne pourrait être attribuée, sans une étrange
méprise, à des sentiments de haine ou d'in-
différence de la part du testateur, pour les
ministres des autels ; bien moins encore prenait-
elle son origine dans un manque total de religion, alors que l'acte de dernière volonté
renferme à chaque page, les marques d'une
piété non suspecte ; mais qu'on se transporte
un instant aux premières années du seizième
siècle et on appréciera facilement tout l'à-propos,
toute la sagesse des mesures uniquement dic-
tées, nous nous plaisons à le reconnaître, par les
influences de l'époque. Depuis long-temps la
charité pour les malheureux avait presque dis-
paru avec la pureté des mœurs et le véritable
esprit de la Religion ; un luxe effréné, une
avarice sordide s'étaient même glissés jusque
dans le cœur des prêtres et des diacres chargés
depuis un temps immémorial de l'administration spirituelle et temporelle des hôpitaux, sous
l'inspection de l'évêque. Bientôt un funeste relâchement (1) s'introduisit dans la discipline

____

(1) Ce fut principalement vers la fin du douzième siècle,
qu'arriva le relâchement de la discipline ; les évêques se

ecclésiastique, et lors du testament de Jacques de La Roque, les abus étaient arrivés à leur comble ; on voyait alors la plupart des clercs qui avaient le soin et l'administration des hospices, convertir ces asiles en bénéfices, dont ils ne rendaient point de compte, appliquer à leur profit la majeure partie des revenus dont les riches particuliers les avaient dotés, se souciant fort peu de la détérioration ou du dépérissement des immeubles, et de violer ouvertement les pieuses intentions des fondateurs ; aussi un article du concile de Vienne (1) dé-

croisant, ainsi que les abbés, et étant obligés, en qualité de seigneurs, d'aller dans les armées à la tête de leurs vassaux, le spirituel fut entièrement négligé ; les prêtres, à l'exemple des évêques, dont ils n'étaient plus surveillés, négligèrent les fonctions du saint Ministère. Plusieurs même se croisèrent aussi, et sous prétexte de combattre les infidèles pour étendre la Foi, ils abandonnèrent le soin des ames qui leur avaient été confiées.

L'abbé de Recalde, pag. 59.

(1) *Nullus ex locis sœcularibus clericis in beneficium conferatur, etiamsi de consuetudine, quœ reprobatur penitùs hoc fuerit observatum, etc.*

Clementina II, quià contingit de Relig. dom., § 2 init lib. III.

Hospitalium gubernatio viris providis, idoneis et bon testimonii committatur qui sciant, velint et valeant locai ipsa, bona eorum ac jura utiliter regere et eorum proventus et reditus in personarum usum miserabilium fideliter dispensare, etc.

Ibid., § 2, med.

fendit de ne plus donner les hôpitaux en titre
de bénéfices à des clercs séculiers, et ordonna
que l'administration en serait conférée *à des
laïcs, gens de bien, capables et solvables*;
qui prêteraient serment, feraient inventaire et
rendraient compte tous les ans; le concile de
Trente (1) confirma plus tard ces dispositions (2).

(1) *Curent ordinarii ut hospitalia quœcunque à suis ad-
ministratoribus quocunque illi nomine censeantur, etiam
quomodò libet exemptis, fideliter et diligenter gubernen-
tur; constitutionis Concilii Viennensis quœ incipit,* QUIA
CONTINGIT *forma servata; quam quidèm constitutionem ea-
dem sancta Synodus innovandam duxit et innovat, cum
derogationibus in eá contentis.*

Sess. 7, cap. 15. Vid. sess. 22, cap. 8, 9; sess. 25,
cap. 8.

(2) Ces décisions des Conciles ont eu leur effet en France,
et diverses ordonnances de François 1er, et de ses successeurs pourvurent à la réforme des hôpitaux, à l'emploi
de leurs revenus, etc. Un édit de Charles IX, rendu en
avril 1561, et confirmé par l'ordonnance de Blois, après
avoir signalé tous les abus qui s'étaient glissés dans les
hôpitaux, maladeries et autres lieux *pitoyables* du Royaume,
chargeait les juges locaux de procéder à l'inventaire de
leurs biens et d'en surveiller l'administration; toutes ces
précautions ne suffisantpas pour arrêter les abus, Henri IV
ordonna en 1606 que le grand Aumônier procèderait à la
réformation générale des hôpitaux, surtout à l'audition
et à la révision des comptes, et il établit à cet effet une
chambre appelée *Chambre de la Charité chrétienne*; cet
édit demeura sans exécution. En 1612 Louis XIII rendit
une déclaration par laquelle le grand Aumônier fut chargé
de nouveau de la réformation générale des hôpitaux;

Indiquons encore pour cause du relâchement de la discipline ecclésiastique, les troubles qui agitèrent presque tous les diocèses, à la suite du concordat entre Léon x et François Ier, *ce troc*, dit Mezerai (1), *si peu séant à l'un et à l'autre* ; citons enfin ces funestes guerres dont la Religion fut moins la cause que le prétexte, qui ensanglantèrent le seizième siècle, et qui précipitant l'État dans tous les désordres, exercèrent la plus funeste influence sur les affaires de l'Église (2).

Jacques de La Roque ordonne qu'un Oratoire particulier sous l'invocation de St Jacques soit érigé dans son Hôpital ; aucun recteur ou au-

une commission établie sous le nom de *Chambre de la Réformation générale des Hôpitaux*, ne fut supprimée qu'en 1672. Son principal soin fut d'abord de remédier aux plus graves abus ; elle remit en valeur les biens tombés en dépérissement, obligea les administrateurs de rendre leurs comptes, et fit faire toutes les réparations nécessaires dans celles des maisons de charité dont l'utilité bien constatée exigea le maintien.

(1) Tome 2 , pag. 194. Édit de 1685.

(2) Ces divers détails sur les mœurs du clergé au seizième siècle, ne sont plus aujourd'hui que du domaine de l'histoire ; s'il nous a été pénible de les esquisser, c'est avec consolation que nous portons nos regards sur le clergé de nos jours, si recommandable, sauf de bien rares exceptions, par son désintéressement et sa charité.

mônier n'y sera exclusivement attaché (1) ;
mais la Messe y sera célébrée chaque jour ,
pour la consolation des malheureux , par le
prêtre le plus pauvre, et surtout par un prêtre voyageur (2). Si le pape, le légat, ou l'archevêque d'Aix détournaient , n'importe sous
quel prétexte , une partie des biens par lui
délaissés de leur véritable destination ; si la
cour souveraine, la ville , ou les consuls s'a-
visaient de déposer dans l'Hôpital des malades
atteints de la peste , en pareil cas le testateur
déclare instituer pour son héritier son parent
le plus proche (3).

Enfin Jacques de La Roque porte toute son
attention sur l'administration de l'Hôpital ; il
établit les consuls , présents et à venir , pour

(1) *Sit ibi quoddam oratorium sub titulo Sancti-Jacobi ,
sit privatum et non quovis modo ecclesiasticum et non
possit deputari aliquis certus rector ad celebrandum in
eo , etc.*

(2) *Per pauperiorem et maximè peregrinum sacerdotem
si inveniri poterit, pro consolatione pauperum qui erunt
in dicto hospitali.*

(3) *Si contingeret dictos Sanctissimum dom. nostrum Pa-
pam , à latere Legatum , etc. aufere, levare , seu sepa-
rare velle aliquid de bonis meis...... Si ex dicto hospitali fieret infirmaria pestiferorum...... Instituo et ordino
mihi hæredem seu hæredem meum universalem , et inso-
lidum , propinquiorem sanguinis mei qui tunc erit et suos
hæredes et successores quoscumque.*

protecteurs , gouverneurs et défenseurs , et cela de plein droit , pour une année seulement à dater du jour de leur sortie de charge (1); ils seront tenus de faire une fidèle répartition en faveur des pauvres , des fruits et rentes de sa succession ; ils auront le soin , immédiatement après sa mort , d'apposer les scellés , tant sur les portes de l'hôpital que sur celles de sa propre maison (2); ils choisiront eux-mêmes le trésorier qui exercera pendant une année , et qui rendra compte entre les mains de l'auditeur des comptes de la ville (3).

Telles sont les principales clauses du testament de Jacques de La Roque, qu'il nous a paru intéressant de rappeler.

(1) *Volo et ordino ac etiam jubeo constituoque dictos dominos veteres consules præsentes et futuros , rectores , protectores , deffensores , gubernatores et administratores prædicti devoti hospitalis Sancti-Jacobi..... Pleno jure pro uno dumtaxat incipiendo anno , ultimâ die exitûs officii eorum consulatûs.*

(2) *Teneantur sigillare omnes capsas meas nec non omnes et quascunque portas tàm dicti hospitalis quàm domus meæ propriæ habitationis.*

(3) *Electio , nominatio , creatio et institutio thesaurarii et receptoris generalis ad dictos dominos consules pertineat et expetet...... officium exercere non possit nisi pro uno anno dumtaxat...... Rationem reddere et reliqua præstare teneatur de omnibus receptis , et hoc in manibus dominorum auditorum computorum prædictæ civitatis Aquensis.*

Le pieux fondateur ne décéda que sept années après son acte de dernières dispositions,
en 1539 (1).

Conformément à ses intentions , les consuls
qui étaient sortis de charge depuis plus de
huit mois passèrent de l'administration des
affaires publiques à celle de l'Hôpital. L'histoire a conservé les noms de ces premiers
administrateurs; ce furent Guillaume Matheron,
seigneur de Peynier, Castillon, Cyprien Graneti,
et Antoine Duranti , docteur ès droit , en
qualité d'assesseur (2).

Quelques années après, de graves contestations
surgirent entre les recteurs de l'Hôpital et
Honoré Pinchinat , se prétendant donataire de
Jacques de La Roque; elles avaient pour objet
une partie importante de sa succession dont
Honoré Pinchinat avait cru devoir s'emparer.
Le 16 septembre 1551 , il intervint un arrêt
du grand conseil qui adjugea solennellement

(1) De Haitze , tom. 2 : cet écrivain ne mentionne pas
en quel mois eut lieu le décès. L'Hôpital possède le livre
de raison de Jacques de La Roque écrit de sa main , en
langue provençale , de 1514 à 1539; il commence par ces
mots : *Per memory ;..yeou Jaumes (Jacques) de La
Rocca*, etc. Postérieurement à 1539 , l'écriture est d'une
main différente.

(2) De Haitze, *ibidem.*

aux pauvres de l'Hôpital, tous les biens qui avaient appartenu à Jacques de La Roque, condamna le défendeur à se départir de la possession et jouissance de ces mêmes biens, avec restitution de fruits, à dater de la mort de Jacques de La Roque (1).

En exécution de cet arrêt, Jérôme Pinchinat vicaire à Rognes et héritier par bénéfice d'inventaire d'Honoré Pinchinat, désempara en totalité en faveur de l'Hôpital, les biens meubles et immeubles ayant appartenu à Jacques de La Roque. L'acte de désemparation est à la date du 22 janvier 1553, not^{re} Legay (2).

Cependant la délibération de l'Hôtel-de-Ville prise en 1531, et qui réunissait tous les hôpitaux à celui de Saint-Jacques ne fut pas fidèlement exécutée par les directeurs de ces diverses maisons de charité.

Quelques-uns d'entre eux et notamment les administrateurs du Saint-Esprit, de Saint-Michel, de Notre-Dame de Consolation et de Saint-Jean de Jérusalem, firent offre de certaines rentes ou de quelques contributions, à condition qu'on les déchargerait eux-mêmes de diverses obligations; mais ces offres étaient

(1) Voy. la note D.
(2) Grand livre rouge, fol. 170.

tellement modiques, qu'elles n'approchaient pas du quart des revenus de ces diverses maisons de charité ; *revenus*, dit de Haitze, *dont la destination est si sacrée, qu'on ne saurait les divertir à d'autres usages, sans la plus grande injustice.* Nous ne pouvons attribuer encore ces déplorables détournements, qu'à ce funeste relâchement dont nous avons déjà essayé de présenter le tableau.

Nous devons tracer brièvement l'historique de l'administration de l'hôpital Saint-Jacques, jusqu'à nos jours : ce ne sera point nous écarter de notre sujet, car s'il est vrai de dire que la vie d'un homme de lettres est toute entière dans ses écrits, celle d'un bienfaiteur de l'humanité ne réside-t-elle pas aussi dans l'histoire des monuments que ses soins ont élevés à la plus précieuse des vertus ?

Indépendamment du petit bureau composé des recteurs consulaires sortant de charge et d'un trésorier, celui de la Ville, ayant aussi rempli sa charge, un grand bureau avait été encore organisé où se traitaient toutes les affaires générales, et dont faisaient partie des commissaires du Parlement et de la Cour des comptes (1).

(1) Le grand bureau s'assemblait anciennement dans les

En 1670, les consuls sortant de charge ne pouvant plus suffire aux besoins de l'Hôpital , une délibération du 21 septembre établit six nouveaux recteurs qui devaient avoir voix dé-libérative (1).

Eu 1691 (2) et par délibération du 17 avril, le nombre des recteurs fut encore augmenté ; deux années après , nouvelle crue de deux recteurs.

Le 29 mai 1742 , un règlement autorisé et homologué par la Cour de parlement porta jusqu'à 30 le nombre des recteurs, savoir : les quatre recteurs consulaires, administrateurs nés de l'Hôpital, et vingt-six autres , choisis parmi *les gentilshommes, bourgeois et avocats de la Ville* et ayant voix délibérative. L'élection avait lieu pour trois années, à l'expiration desquelles il pouvait y avoir lieu à réélection pour un même espace de temps , même jusqu'à deux reprises (3).

Enfin le conseil des cinq cents a établi en l'an 5 , les Hospices civils sous la surveillance

chambres du palais. Il se réunit pour la première fois, à la salle de l'hôpital , le 15 novembre 1627.

Grands bureaux, tom. 2 , fol. 15.

(1) Grands bureaux , tom. 2 , fol. 1149.

(2) Grands bureaux , tom. 3 , fol. 33.

(3) Reg. des délibérations , tom. 8.

immédiate des administrations municipales , lesquelles nomment une commission composée de cinq membres résidant dans le canton (1).

Pour compléter cette Notice nous devons nous arrêter un instant sur deux illustres personnages , continuateurs de l'œuvre de Jacques de La Roque , MM. de Jarente et de Brancas.

Balthazard de Jarente fils de Thomas de Jarente seigneur de Monclar (2), né à Aix, fut d'abord, grand président en la Cour des comptes ; promu à l'épiscopat de Vence en 1531 , puis à celui de Saint-Flour , il fut nommé en dernier lui archevêque d'Embrun et prit possession en 1542 (3) ; l'histoire ecclésiastique de ce

(1) Loi du 16 vendémiaire an 5. Par cette loi encore, les Hospices civils sont conservés dans la jouissance de leurs biens dont ils avaient été privés par la loi du 23 messidor an 2.

Voy. la loi du 16 messidor an 7 , et une ordonnance du 6 février 1818.

(2) La famille des Jarente ou Gerente est inscrite dans les auciens nobiliaires de Provence ; on y trouve que Lanthelme de Jarente , qui avait été légat en 1352 auprès de la reine de Naples, était seigneur de Monclar , de Senas, etc.; que sa famille fut ensuite divisée en plusieurs branches , dont la première eut la seigneurie de Monclar , la seconde celle de Senas , etc.

Histoire ecclésiastique du diocèse d'Embrun , tom. 2, pag. 223.

(3) *Gallia christiana* , tom. 3 , pag. 1229.

diocèse déjà citée mentionne sa piété , sa
tempérance et ses immenses libéralités en faveur
d'établissements publics; c'est ainsi qu'il fonda
dans son diocèse deux chapelles bénéficiaires
qu'on a toujours appelées *de Saint-André de
Jarente* , et que par son testament il légua
des sommes considérables pour l'aggrandisse-
ment de l'hôpital Saint-Jacques devenu insuf-
fisant , eu égard au nombre des malades ;
le corps de bâtiment construit au moyen des
fonds de ce prélat , s'appelle encore aujour-
d'hui : *l'aile Jarente.* Un passage du nécrologe
de l'église Saint-Sauveur d'Aix fixe la mort
de M. de Jarente au mois de juin 1565 (1).

Jean-Baptiste-Antoine de Brancas, issu d'une
famille illustre, fut nommé aumônier du Roi
et abbé de Saint-Pierre de Melun en 1717 ,
agent général du clergé en 1720 , évêque de
la Rochelle en 1725 , et transféré en 1729 , à

(1) *Anno Domini* 1565 *die 27 junii , in bona senectute
ac dierum optima memoria obiit R. D. Balth. de Jarente ,
archiepiscopus Ebredunensis ,* etc.

Gallia christiana , tom. 3 , pag. 1095 ; Pitton , Annales
de l'église d'Aix, pag. 211.

On remarquait sur l'ancienne porte de l'Hôpital les armes
de M. de Jarente. L'inscription mise au bas du portrait
de ce prélat nous apprend *qu'il a été tiré* de la chapelle
de Notre-Dame des Anges dont il avait été le fondateur.

l'archevêché d'Aix dont il prit possession le 23 octobre ; les vertus et la charité inépuisable de ce prélat sont trop connues pour que nous les rappelions ici ; elles ont d'ailleurs fait le sujet de l'éloge funèbre prononcé par M. le chanoine Christine, alors recteur de Saint-Jean, lors de l'inhumation de ses ossements retrouvés au commencement de ce siècle (1). Parmi un très-grand nombre d'établissements de charité que l'on doit à ce vertueux prélat, nous nous bornerons à citer la construction d'une aile entière qu'il fit ajouter à l'hôpital Saint-Jacques, en 1753, et qui porte son nom. M. de Brancas mourut en 1770 (2), après avoir institué le séminaire d'Aix pour son héritier. On sait que son cœur y est déposé avec celui du cardinal Grimaldi, un de ses prédécesseurs.

(1) Voy. cet éloge dans les Mémoires de la Société académique d'Aix, 2ᵉ recueil, pag. 100.

(2) Les funérailles de M. de Brancas furent faites avec la plus grande pompe ; M. Bocon de La Merlière, évêque d'Apt, alors suffragant de l'archevêque d'Aix, y officia et prononça un discours funèbre au bas de l'autel. Tel était le droit de l'évêque d'Apt, il pouvait ensuite prendre le meilleur cheval des écuries de l'archevêché pour retourner chez lui, parce qu'on supposait qu'il était venu à pied. Au reste, dit M. de Saint-Vincens, un pareil droit n'est établi que par la tradition et par l'histoire, et on ne connaît aucun titre primordial en sa faveur.

L'hôpital Saint-Jacques compte encore plusieurs autres bienfaiteurs, nous citerons seulement Antoine de Très, conseiller au Parlement, mort en 1702, et qui légua plus de 400,000 fr. aux Hospices; Pierre de Pigenat, écuyer, qui par son testament solennel, enregistré le 11 mars 1715, institua son neveu héritier universel, en lui substituant l'hôpital Saint-Jacques, s'il décédait sans enfants; substitution qui se réalisa.

L'illustre fondateur de la Bibliothèque publique, le marquis de Méjanes, fut encore un des bienfaiteurs de l'Hôpital (1).

(1) Je donne et lègue à l'Hôtel-Dieu de la ville d'Aix, dont j'ai été recteur pendant cinq années, 1000 fr. une fois payés, et après le délai d'une année sans retard. (Codicille de M. de Méjanes, du 18 septembre 1786).

On sait que ce grand citoyen avait légué pour l'augmentation de la Bibliothèque divers contrats de rente, et notamment 2000 fr. de rente perpétuelle sur M. le marquis de Lagoy, son neveu et son héritier, de laquelle rente M. de Lagoy ne devait acquitter les arrérages qu'à compter du décès de Madame la marquise de Méjanes; décès qui a eu lieu en 1827.

Dans son savant et intéressant ouvrage sur la bibliothèque Méjanes, publié en 1831, l'honorable bibliothécaire, M. Rouard, après avoir rappelé que la Bibliothèque ne serait un véritable établissement d'utilité publique, qu'alors qu'elle s'enrichirait chaque jour de toutes les nouvelles productions marquant les progrès des sciences et de l'industrie, M. Rouard, disons-nous, écrivait ce qui suit :

Nous n'entrerons dans aucuns détails sur les règlements qui régissent l'hôpital Saint-Jacques ; ces règlements autorisés et homologués par la Cour de parlement, le 29 mai 1742, ont été imprimés à Aix, chez Réné Audibert, et nous paraissent offrir peu d'intérêt.

Au moyen de ses aggrandissements successifs, l'hôpital Saint-Jacques contient environ 400

« Aujourd'hui nous avons plus que jamais cette espé-
» rance. Le complément de la foundation de M. de Méjanes,
» les derniers 40,000 fr. légués par lui pour l'accroisse-
» ment de la Bibliothèque que la ville est en droit de
» réclamer depuis plusieurs années, vont être demandés et
» sans doute que rien ne retardera plus l'accomplissement
» des dernières volontés du fondateur » , pag. 226.

La demande a été effectivement formée peu de temps après au nom de la Ville , envers qui de droit ; un avis favorable du Conseil d'État rendu le 5 novembre 1832, reconnaissait la nécessité d'appliquer à la Bibliothèque la rente dont s'agit , et nous rassurait sur l'exécution complète des volontés sacrées du testateur. Deux années se sont écoulées depuis , et le croira-t-on... , un jugement n'a pu être encore prononcé ! A quelle fatalité , devons-nous attribuer un retard qui afflige si vivement les amis des lettres et du pays , un retard si préjudiciable à la jeunesse studieuse qui doit trouver à la Bibliothèque tous les ouvrages nécessaires au complément de ses études ? Espérons que bientôt le cours de la justice ne sera plus paralysé dans une cause d'un si grave intérêt, dans une véritable question de vie ou de mort pour la bibliothèque Méjanes. Au surplus, nous pensons que M. Rouard ne manquera pas de consigner dans le supplément de son ouvrage , l'historique de ce procès.

lits ; on pourrait, au besoin , en placer un nombre plus ou moins grand dans les galetas qui sont vastes et assez bien disposés pour cette destination passagère ; situé dans une position des plus favorables , dirigé par des administrateurs dont la sollicitude s'étend avec le même zèle sur tous les objets , il offre à la classe indigente tous les secours , tous les genres de consolation qu'elle est à même de souhaiter ; les malades sont divisés en blessés, fiévreux , galeux, et un local particulier est destiné aux militaires. Des Sœurs hospitalières sont chargées du service.

Le nom de Jacques de La Roque sera toujours cher aux amis de l'humanité ; c'est dans toute leur simplicité que nous avons cru devoir présenter les faits qui concernent ce généreux citoyen , convaincu que nos éloges eussent été bien faibles, en présence du monu_ment élevé par ses soins à la Divinité elle-même en la personne des pauvres (1). Puisse cette

(1) On lit cette inscription sur la porte de l'hôpital de Berne : *Christo in pauperibus , au Christ dans les pauvres;* il n'en est pas de plus admirable , dit Madame de Staël; la Religion chrétienne ne nous a-t-elle pas appris que c'était pour ceux qui souffrent que le Christ était descendu sur la terre? et qui de nous, dans quelque époque de sa vie n'est pas un de ces pauvres en bonheur , en espérances,

Notice avoir répandu quelque intérêt sur le modeste bienfaiteur trop méconnu parmi nous, dont la vie entière fut consacrée à la pratique de cette vertu sublime que notre moraliste Vauvenargues appelle si justement un zèle de la Religion pour le prochain (1), et qui dans tous les temps eut ses héros, comme la force et le courage.

un de ces infortunés enfin qu'on doit soulager au nom de Dieu ! = De l'Allemagne.

(1) Introduction à la connaissance de l'esprit humain.

Que nous aimons à citer cet auteur, le seul de nos moralistes qui console l'homme et qui lui apprenne à s'estimer ! On sait que son buste en marbre, ouvrage remarquable de notre jeune compatriote Ramus, décore depuis peu une des salles de la bibliothèque Méjanes. Ce don du gouvernement ainsi que l'envoi de plusieurs ouvrages importants, sont dus au zèle si bien connu de M. Rouard pour tout ce qui intéresse la Bibliothèque et la Cité.

Qu'il nous soit permis, comme attaché à ce bel établissement, de rappeler que le catalogue raisonné et le classement dans les rayons commencés à la fin de 1830, quoiqu'on ait imprimé le contraire, par erreur sans doute, (Aix ancien et moderne, 1833 pag. 234), se continuent avec activité. Ce classement n'est pas d'une nécessité absolue, comme on l'a encore imprimé, *pour que l'on puisse consulter utilement nos richesses littéraires* , ainsi que le prouve l'exemple de la plupart des Bibliothèques qui ne l'ont pas adopté ; mais aussi quel avantage n'offre-t-il pas à l'amateur, à l'homme studieux, qui peuvent apprécier d'un coup d'œil tout ce qui tient à chaque branche de la science.

NOTES ET PIÈCES

JUSTIFICATIVES.

A.

Au nom de Dieu soit - il.

L'an a la nativité notre Seigneur mil cinq cent dix neuf induction septième le mardy troisième de May , du pontificat de notre St. Père en notre Seigneur Leon par la grace de Dieu pape de ce nom année septième regnant notre très - chrestien et seigneur François premier , Roi de France et Comte des Comtés de Provence et Forcalquier heureusement soit-il sçachent tous presens et a venir qu'en présence de venerables et égreges personnes Messieurs de Cordouan , Guilleaume de Fortiuro , Antoine Bernardin Rascas , Guilleaume Merindol, Jean Durant , Pierre Roustan , Honoré Pinchinat (1),

---

(1) Nous pensons que c'est ce même Honoré Pinchinat qui fit construire en 1535 dans l'Église Saint-Sauveur la chapelle *de la Résurrection* dite *des Pinchinats ,* la première à droite en entrant par la porte de la nef du *Corpus Domini* ; les chanoines y prenaient anciennement leurs habits

Antoine Imbert , et Baptiste de Castellane , Chanoines de la venerable Eglise métropolitaine St.-Sauveur de la présente cité d'Aix capitulairement assemblés dans le lieu capitulaire de ladite Eglise capitulants et tenants le Chapitre général a l'heure et façon accoutumées, et en la présence de moy notaire public, et des témoins sous écrits , personnellement constitués , noble homme Jacques de Roche marchand de ladite cité d'Aix a dit auxdits sieurs Chanoines capitulants, comme dit est et exposé de vive voix que ledit noble Jacques de Roche a deja commencé de bâtir certaine maison de l'hospital St. Jacques dans un clos de vigne et verger par lui de nouveau acheté de venerable et égrege personne Messire François d'André prêtre vicaire perpétuel du lieu de Rognes diocèse d'Aix , entouré de murailles sçitué au terroir de ladite cité d'Aix et au derrière l'Eglise de Notre-Dame de Consolation et au lieu vulgairement appelé au Claus de Saint-Andrieu confrontant du coté du soleil levant de long en long avec le chemin public , par lequel on va de ladite cité d'Aix au chateau de Puyricard et du coté du midi , savoir pardessous avec le chemin public par lequel on va à ladite Eglise de Notre-Dame de Consolation , et du coté du soleil couchant, avec verger de l'Eglise Notre-Dame de Con-

---

de chœur. Une inscription indique qu'Honoré Pinchinat décédé le 2 mai 1541 y est inhumé. On sait que le bas-relief en marbre représentant l'accouchement de Léda que l'on voit aujourd'hui au musée de la Ville , était demeuré pendant plusieurs années, dans cette même chapelle.

solation , et avec l'Eglise Notre-Dame , et avec le chemin qui tend a icelle par des murailles dans le clos , et du septentrion avec certaine terre de Charles et Pierre Lebon par le bas des murailles draye au milieu, et avec ses autres confrouis plus vrays s'il y en a mouvant de la directe domaine et seigneurie du venerable Chapitre de ladite Église metropolitaine d'Aix au cens du service annuel et perpétuel d'une eymine annone , et cinq sols coronats payables a la fête St. Julien , et lequel clos est dit être tenu aux anniversaires de ladite Église a un surcens de trois florins et demy ayant cours en Provence payables annuellement et perpétuellement à la fête de la Toussaint , et parcequ'il travaille pour une chose pie faisant bâtir cet hospital, et qu'il n'est pas raisonable que ledit hospital qui n'a point d'autre fondement que la mendicité , soit soumis ou sujet au payement d'aucun cens ou service veu même que comme l'on ne peut attendre l'aliénation d'iceluy on n'en peut aussy esperer .... tresin , il a suplié et requis lesdits sieurs Chanoines capitulants qu'il leur plaise en considération de ce que ledit de La Roque prend soin de la fabrique , et construction dudit hospital luy vouloir remettre ledit cens service , et surcens, dus audit venerable chapitre, et anniversaires , et l'en delivrer par contrat , s'offrant moyennant l'aide de Dieu de parachever ledit hospital , et le reduire dans peu de temps en hospital en due forme , et lesdits sieurs Chanoines assemblés comme dessus adhérant de tout leur possible a la prière, requisition, et donation dudit noble Jacques de Roque fondateur, et pour l'amour de Dieu acceptans son offre de leur gré de bonnnefoy sans dol ni fraude sçiemment chacun d'eux unanimement concordablement sans aucuns discrepans au nom et de la part dudit venerable Chapitre, et anniversaires de ladite Eglise avec le meilleur droit qu'ils ont pû, ont donné cédé remis transporté, et tout a fait désemparé audit noble Jacques de Roque présent acceptant et stipulant pour soy et les siens quelconques qui lui succederont a l'honneur de Dieu audit hospital et tant que ledit hospital sera en état et non autrement, c'est a sçavoir les susdits cens et services, et surcens sus déclarés respectivement avec majeure directe domaine et seigneurie consistant a percevoir les lodz et trezains, et au droit de pouvoir retenir ledit clos par droit de prélation et tous autres droits appartenant a ladite majeur directe domaine et seigneurie, et cela tant seulement pour l'honneur de Dieu et service des pauvres de Jésus-Christ qui seront reçus audit hospital et par droit et titre de la présente cession et remission et par donation pure et vraïe, et irrevocable faite et qui se dit entre-vifs, ayant force de donation a toujours valable non sujette a revocation, par aucun cas d'ingratitude; venant neanmoins ledit hospital a cesser, et non autrement cette donation cession et remission cesseront, et lesdits cens surcens et services avec toute leur majeur directe et seigneurie et autres droits susdits retourneront de plein droit audit Chapitre de pacte exprès accordé entre lesdites parties deüe stipulation intervenant; ont voulu en outre lesdits sieurs Chanoines tous unanimement au nom que dessus que tant que ledit hospital durera et sera en état, ledit noble Jacques de Roque et ses successeurs susdits puissent dorsenavant jouir

des droits actions et raisons sus cedées , et remise
pour les causes et librement en uzer agir demander ,
et deffendre et faire tous actes de domaine utile et
direct , contester les procoz , jurer de calomnie ,
proposer , confesser , nier , avancer exceptions , re-
plique , produire témoins en l'instance assister à la
publication des sentances, acquiescer appeler , pour-
suivre et finir les appelations , composer les diffe-
rents les compromettre , et en tranziger , enfin et
generalement faire et dire tout ce que le venerable
Chapitre , et-anniversaires respectivement pouvoient
dire et faire avant la présente cession et remission ,
et que tout vray et légitime procurenr et maitre
peut faire en sa cause propre et bien a luy donné
et constitué et aussy , cens et surcens sus donnés
et declarés de leur majeur directe domaine et autres droits sus declarés , ledit hospital subsistant
et ayant lieu comme ci-dessus est dit et non autrement lesdits sieurs Chanoines touts ensemble unanimement et d'un même accord au nom que dessus
ont solemnellement fait et constitué ledit noble
Jacques de Roque seigneur et procureur comme en
sa chose propre, se constituant lesdits sieurs Chanoines touts ensemble unanimement aux noms que
dessus cependent tenir possession et quasy posseder
les cens services ou surcens sus remis et déclarés
avec toute leur majeur directe respectivement seigneurie au nom de titre de precaire dudit noble Jacques
de Roque ou ses successeurs , en ayant pris cor-
porelle possession pour laquelle prendre lesdits sieurs
Chanoines touts ensemble unanimement ont donné
audit Jacques de Roque présent et stipulant comme
dessus cette présente cession et remission des droits,

pour l'avoir, tenir, garder perpétuellement et inviolablement observer et ne faire jamais au contraire
et que au nom qu'ils interviennent ils n'ont dit ou
fait et ne diront ou fairont chose en aucun lieu
ou temps pour empecher que la presente cession
ou remission de droits, et tout le conteuu au present contract, n'ayent et obtiennent perpéluelle
force et demeurent leur entier, en jugement et
ailleurs, sous la restitution entière de tous fraix
dommages, griefs, interets et depens que ledit noble
Jacques de Roque ou sesdits successeurs pourroient
souffrir faire ou encourir en jugement ou dehors
en plaidant ou autrement et pour toutes les choses
susdites plus obtenir la ferme, et inviolable obser-
vation de touts lesdits fraix, dommages de tous
biens, griefs et depens qui pourroient survenir,
lesdits sieurs Chanoines touts ensembles unanimement et d'accord au nom que dessus ont promis
d'en croire, a la simple assertion et parolle dudit
Jacques de Roque toutesfois sans son serment, te-
moins et autre preuve, et pour toutes les choses
susdites plus surement observer lesdits sieurs Chanoines tous ensemble unanimement d'un même
accord au nom que dessus ont solemnellement obligé
et hypothéqué, et soumis touts les biens dudit venerable Chapitre et anniversaires, et de l'une et
l'autre directe respectivement, meubles immeubles
et droits quelconques presens et futurs réellement
toutefois aux forces et compulsions de la cour du
seigneur Archeveque d'Aix; pour regard desquelles
choses susdittes lesdits sieurs Chanoines au nom
que dessus, ont sçiemment et expressement renoncé
a l'exception du contract, non ainsy passé, et de

l'affaire non ainsy faite, et que autrement plus ou moins a été écrit que ce qui a été dit ou recité et a l'exception de dol, force, crainte, fraude lesion ou d'exception a l'action en fait condiction de cause indüe sans cause juste, et pour cause juste, entreprise de salle procez a la demande et offres des libelle et simple petition a la transcription du present instrument et sa notte par forme d'acte aux dillations de vingt, quinze et cinq jours forcés de moissons et vendanges et dillations quelconques annales biennales triennales quadriennales et quinquennales, et autres plus grand et moindre temps aux indults du for et autres privilleges, et a la loy *cumvenerit de jurisdictione omnium judicum* et au droit qui donne ayde aux.........a toute l'ignorence de fait ou de droit et a toute erreur de calcul et aux lois et droits disants la donation pouvoir être revoquée, pour cause d'ingratitude, que donation excedant cinq cens ou trois cens écus ne vaut rien que premièrement, elle ne soit insinuée es actes publics que toute donation inoficière ne vaut rien, a laquelle inofficiosité, ils ont sçiemment renoncé, et au droit disant le cedant ne pouvoir moins agir contre le debiteur avant que le cessionnaire aye intimé son droit au debiteur, ou receu partie de sa debte ou qu'il aye legitimement contesté contrede luy, et au droit disant que les sacrées et religieuses personnes et maisons jouissent du droit des mineurs, et de l'indult de vingt jours et quatre mois, et a toutes autres exceptions et defences, et droit divin humain canonique et civil, et au droit disant personne ne pouvoir recevoir un droit qui ne luy compète pas encore et a la renonciation générale ne vouloir si la spéciale la precede, laquelle generale renonciation lesdits sieurs Chanoines unanimement d'un accord touts ensemble, et au nom que dessus ont voulu valoir autant que si touts les cas du droit canon et civil qui s'y peuvent raporter de fait ou de droit y étoient inserés et speciallement écrits et ainsy lesdits sieurs Chanoines au nom que dessus l'ont juré mettant la main sur leur poitrine a la......... d'attendre a remplir et inviolablement observer les choses susdites de ne jamais y contrevenir de droit ou de fait de toutes lesquelles choses susdittes chacune des parties aux noms que dessus luy en être fait un ou plusieurs instrumens ; promis que la substance des choses susdittes ne soit en rien alterée ou changée. Fait a Aix an que dessus c'est a sçavoir dans le lieu capitulaire susdit de ladite Eglise, présents nobles et discrets hommes Antoine Gerente d'Aix seigneur de Monclar dioceze d'Ambrun , et Roustan de Grédolis droguiste habbitant d'Aix témoins requis pour les choses susdites et y speciallement appelés et moi Imbert Borrilly notaire royal et apostolique de laditte citté d'Aix.

B.

« Les Hôpitaux , corps mixtes ecclésiastiques
» et autres œuvres charitables , dit de Haitze, ont
» fait dans tous les temps beaucoup d'honneur à la
» ville d'Aix , en faisant éclater la piété de ses ha-
» bitants envers les pauvres , car il n'y a pas de
» ville dans le Royaume où il y en ait davantage
» et où ils soient mieux administrés. » C'est dans
cet écrivain, dans Pitton et Saint-Vincens, que nous

avons puisé les renseignements au moyen desquels a été rédigé l'aperçu suivant. Nous avons eu soin de rectifier quelques erreurs que des personnes instruites ont bien voulu nous signaler.

Saint-Antoine. Ancien hôpital pour les malades *atteints du feu sacré.* Cet hôpital premièrement régi par des administrateurs purement séculiers, comme les autres hôpitaux de cette espèce, avait été fondé dans le douzième siècle en la ville des Tours, *près le Jas de Bouffan.* Dans le quatorzième siècle, il fut transféré en la ville Comtale, dans le lieu où était l'église Saint-Antoine, et les administrateurs furent dès-lors réguliers.

L'Aumône. Ancienne maison de charité dont le but était la suppression de la mendicité publique ; On y faisait journellement l'aumône aux pauvres invalides de la ville ; elle était construite sur la place Saint-Antoine, appelée de l'aumône, avant que l'église dédiée à ce Saint eût été bâtie.

Les Aveugles. Hôpital fondé vers le milieu du dernier siècle, par M. de Laurent, Grand Prévôt de la Maréchaussée. Il était contigu à la chapelle des Pénitents bleus, rue du Bon-Pasteur. On y donnait asyle aux pauvres aveugles et aux prêtres voyageurs qui venaient à Aix, pour y suivre des procès.

Le Bon-Pasteur. Maison religieuse et hospitalière pour les filles pénitentes qui voulaient embrasser la vie monastique. Fondée en 1629.

La Charité. Un des trois grands Hôpitaux de la ville, construit en 1641 hors la porte Saint-Louis. Par suite du legs du conseiller de Très, l'édifice reçut des développements considérables qui furent tracés sur le plan du maréchal de Vauban. Ce local a été successivement transformé en dépôt de mendicité, en petit séminaire, et en nouvelle caserne. L'hôpital de La Charité, aujourd'hui en la rue des Champs, ancien local du Refuge, reçoit les vieillards et les orphelins des deux sexes.

Le Conseil charitable. OEuvre fondée par le cardinal Grimaldi en 1671, et dont le but était de défendre ceux qui n'avaient pas les moyens de soutenir leur cause. L'OEuvre avait son bureau dans le palais de justice.

Les Enfants abandonnés. OEuvre établie par M. de Brancas, près de l'église Saint-Laurens. On y donnait du pain et de la soupe aux enfants abandonnés et étrangers, et on les y instruisait des vérités de la Religion. Les Recteurs étaient préposés pour accompagner les séminaristes faisant le catéchisme à la campagne.

Les Enfants rouges. Fondés en 1657, et ainsi désignés, parce que les enfants orphelins de la classe des artisans qu'on y élevait, portaient des habits de cette couleur, en l'honneur de l'incarnation du Verbe. L'établissement était vis-à-vis l'église de l'Oratoire, dans la rue du Bon-Pasteur. On lisait sur la porte cette inscription en lettresd'or : Maison du petit Bethléem.

Le Saint-Esprit. Ancien hôpital pour les enfants orphelins; fondé en 1213, et dû principalement à Bermond Cornuti, archevêque d'Aix. Une partie de son église forme, dit-on, une des chapelles de la paroisse Saint-Jérôme.

L'Aumône du Saint-Esprit. OEuvre de charité destinée pour faire annuellement aux fêtes de la Pentecôte, une distribution générale de pain à tous les pauvres , en l'honneur du St. Esprit. Cette OEuvre qui avait son siège dans les bâtiments de la paroisse Saint-Jérôme ne subsistait plus long-temps avant la révolution.

Saint - Eutrope. Hôpital pour les hydropiques , fondé hors de la porte Bellegarde sur le chemin de Pertuis, en 1469; réédifié dans la suite par Michel Jaulne, ainsi qu'il résultait d'une ancienne inscription.

Les Incurables. Hôpital fondé en 1722, par **M.** de La Garde, procureur général au Parlement. Des lits y sont destinés à des vieillards infirmes , paralytiques ou atteints de maladies incurables; quelques chambres particulières ont été construites pour des pensionnaires.

L'Infirmerie ou *Hôpital des Pestiférés* , sur la rivière de l'Arc. C'était une ancienne maison de campagne du roi Réné , qui ne consistait alors que dans la partie du corps de logis situé au midi. En 1564 la ville s'en rendit propriétaire, et elle fit construire en 1671 l'aile qui tourne au levant.

L'hôpital des Insensés. Fondé en 1691 par les trois grands hôpitaux Saint-Jacques, La Miséricorde et La Charité. Il reçut diverses dotations de MM. Lebret , premier président, et de Cosnac , archevêque d'Aix. Construit d'abord dans la ville , vers le quartier des Augustins, il fut transféré en 1697 , hors de la porte Bellegarde; c'est un édifice vaste, commode et remarquable par sa disposition intérieure.

L'hôpital Saint-Jacques. Nous le mentionnons ici , seulement pour dire que c'était le premier des trois Hôpitaux généraux.

Saint-Jacques des Pélerins Cet ancien Hôpital qui

n'existait plus, bien avant la révolution , était destiné au logement des pélerins qui allaient visiter les
lieux saints. Ses bâtiments avaient été confondus
dans l'enceinte du couvent des Cordeliers ou Frères
Mineurs, et son titre était resté à une des chapelles
de leur église.

Saint-Jean. Hôpital pour les malades; *le principal,
le plus riche et le mieux meublé*, dit Pitton. Cet
établissement était sous la direction des hos-
pitaliers de Saint-Jean de Jérusalem , et avait été
fondé par les anciens comtes de Provence aragonais.

Saint-Lazare. Hôpital pour les lépreux, sur l'ancien chemin de Marseille. Sa fondation remontait au
treizième siècle.

*Maison hospitalière des filles religieuses de La
Miséricorde.* Le but de cet établissement fondé en
1638 était de procurer des secours aux filles qui
ayant une parfaite vocation pour la vie monastique, étaient dépourvues de tous moyens pour leur
dotation alimentaire.

Sainte-Marcelle. OEuvre fondée par M. de Brancas
en 1763 , pour donner un asile aux servantes qui
ne trouvaient point à se placer. Cet hospice était
soumis à la même administration que celui des Orphelines.

Saint-Michel. Hôpital dépendant de l'église métropolitaine. Il était situé sur l'emplacement où est
l'Université.

La Miséricorde. Le second des trois hôpitaux
généraux, *et dont l'enceinte*, dit de Haitze, *n'est
pas moins grande que ce lle de la ville , et fait
d'Aix une véritable ville hospitalière.* Il fut fondé en
1590 pour les pauvres honteux. *Des Dames très-pieuses
et très-dévotes*, dit Pitton, *entre lesquelles furent*

Claire de Pérussis, *baronne de Lauris*, *et la digne mère de François de Gallaup Chasteuil, et Yolande de Repelin, mon aïeule, considérant que les désordres du siècle dernier avaient appauvri les artisans*, *commencèrent à faire des quêtes et l'argent qu'elles trouvaient était employé à l'achat du linge*, *de la viande et des médicaments* ; *et comme le nombre des malades augmentait de jour en jour*, *ces Dames ne pouvant suffire à tous les besoins*, *s'en remirent aux gentilshommes*, *avocats et marchands*. Le siège de cet hôpital fut d'abord en l'église métropolitaine, ensuite dans la maison de son trésorier; plus tard, en la chapelle de Notre-Dame de Beauvezet, et enfin, à la rue Donalari ou place de l'Hôtel-de-Ville.

Le Mont de Piété, *comme qui dirait*, dit de Haitze, *le trésor pieux qui donne lieu aux pauvres de trouver sans intérêt*, *sur leurs effets, de quoi se secourir*. Il fut établi en 1637 par les marguilliers de la chapelle de Notre-Dame d'Espérance ; sa maison est située à la rue des Cardeurs ; cette OEuvre prête à l'intérêt de 4 p. 100, depuis 1811.

Notre-Dame de Beauvezet. Ancienne maison aumônière pour les pauvres passants. Elle fut construite en 1231, par un habitant d'Aix nommé *Bérard*, touchant l'ancienne chapelle de Notre-Dame de Beauvezet, en face de l'ancienne porte de Marseille ou des Marseillais, située sur le haut de la rue Beauvezet.

Notre-Dame de Pitié ou *de Piété*. Ancien hôpital situé en la rue des Muletiers et sur l'emplacement duquel on a construit des maisons.

Les Orphelines. Hospice fondé en 1762 par M. de Brancas. On y avait reçu jusqu'à quarante jeunes filles; l'Archevêque en était l'unique supérieur, et un de ses Vicaires généraux le suppléait dans cette administration. On sait que le local des Orphelines dont M. de Brancas s'était rendu acquéreur, avait appartenu aux Vauvenargues, et aux Thomassiu-Mazaugues.

L'œuvre des Prisonniers. Elle fut instituée vers le milieu du seizième siècle par les pénitents blancs de Notre-Dame de Pitié, et confirmée par lettres-patentes de 169... Le bureau de cette œuvre était anciennement chez les pénitents ; mais depuis qu'elle en a été séparée, elle est régie par des laïques pris dans tous les états.

La Propagande, ou *l'œuvre de la Propagation de la Foi*. Établie pour prendre soin des pauvres de l'un et de l'autre sexe qui désiraient revenir à la Religion catholique. On ignore l'époque de sa fondation. Le bureau de cette œuvre était fixé dans ses derniers temps, en la rue du Puits-neuf.

La Providence. Maison de charité destinée à servir d'asile aux personnes du sexe féminin qui n'ayant point d'établissement, *seraient en danger de se perdre*, dit de Haitze, faute d'un lieu de retraite. Cette maison hospitalière dont la fondation est inconnue, était jointe à celle du *Refuge*; mais dirigée d'une manière différente et sans qu'il y eût communication.

La Pureté. Maison hospitalière pour les jeunes filles qui manquaient de direction. Elle dut son existence à la protection et aux bienfaits de M. de Grimaldi qui l'approuva en 1680 ; établie d'abord en la rue Beauvezet, puis en la rue longue Saint-Jean, elle ne tarda pas à reprendre son premier local. La chapelle est de 1713.

Le Refuge. Maison fondée en 1640, pour recevoir les femmes condamnées par arrêt, et les filles de mauvaise vie ; cet établissement fut d'abord situé au faubourg des Cordeliers, joint ensuite à l'hôpital *La Charité*, en 1642, transféré quelques années après en la rue des Bernardines, et de là enfin, en la rue des Champs, au quartier d'Orbitelle.

C.

Au nom du Seigneur.

L'an de grâce mil cinq cent trente-un et le huitième jour du mois d'octobre, sous le règne du roi très-chrétien, François premier du nom, roi de France, comte de Provence et de Forcalquier, savoir faisons à qui il appartiendra que les conseillers ordinaires s'étant assemblez dans la maison de ville d'Aix, par ordre et en présence de noble Bernard Bochadin, viguier et commandant pour le roi, dans ladite ville d'Aix, au son de la cloche, ont été présents et ont ordonné et statué ce qui s'ensuit, noble Guillaume Matheron, noble Jacques de La Roche, consuls et autres en grand nombre... M. Philibert Dupuy, notaire, a parlé en ces termes : Vous savez, Messieurs, les intentions de M. Jacques de La Roche, mon associé au consulat de cette ville, dans la donation qu'il a faite entre-vifs de l'hospital de St. Jacques qu'il a commencé de bâtir dans le territoire de cette ville.... et comme plusieurs morceaux de bois réunis ensemble font un plus grand feu que s'ils étaient dispersez et allumez séparément, il me semble, sauf votre meilleur avis, que ce serait un grand bien de ?rassembler tous les hospitaux de cette ville et de les unir pour toujours à celui de Saint-Jacques, sur quoi vous êtes priez,

Messieurs, de dire vos sentiments. Cette proposition faite et les voix de tous les assistants étant colligées, tous ont unanimement conclu et déterminé que selon la volonté et intention dudit M. de La Roche donateur, l'union des hospitaux de ladite ville, à celui de Saint-Jacques serait faite, et que les pauvres dispersez dans les autres hospitaux seraient conduits dans ledit hospital, et que tous les revenus desdits hospitaux seraient perçus et appliqués par le trésorier nommé dans la susdite donation, selon les règlements et volonté des administrateurs dudit hospital de Saint-Jacques. Le conseil a promis de ratifier et défendre envers et contre tous la susdite union qu'il déclare avoir été arrestée et conclue avec pleine connaissance et liberté. Tous les conseillers ont juré sur les saints Évangiles de conserver la susdite union à perpétuité, et ont requis qu'il en serait dressé un acte public, ce qui a été exécuté en présence de témoins à ce spécialement députez.

D.

Extrait des registres du grand Conseil du Roy.

Entre le procureur des pauvres des hospitaux de la ville d'Aix au pays de Provence, demandeur pour raison de certains biens prétendus avoir été donnés auxdits hospitaux par feu Jacques de La Roque, citoyen de ladite ville d'une part, et honoré Pinchinat, substitué et ayant repris le procès d'autre Honoré Pinchinat, dit de La Roque, son fils, prétendu donataire et héritier par bénéfice d'inventaire de feu Jacques de La Roque, et ayant repris le procès en son lieu défendeur, d'autre.

Vu par le Conseil l'arrêt d'icelui, du 11 novembre 1548, faits et articles desdites parties, enquêtes sur iceux respectivement faites, autre arrêt dudit Conseil, du 9 août 1549, donation faite à la ville par ledit de La Roche, d'une maison par lui édifiée et meublée, pour être et servir d'hospital aux pauvres de ladite ville, avec rétention d'usufruit et administration d'icelle maison, du 8 octobre 1531, testament dudit de La Roque du 25 juin 1532, donation faite entre-vifs par icelui de La Roche audit Pinchinat, du 6 août 1537, arrêts dudit Conseil des 8 août et 11 septembre 1548, reproches baillés par ledit défendeur à l'encontre des témoins ouïs et examinés, à la requête dudit demandeur, forclusions et contredits obtenus par icelui, et tout ce qui a été mis et produit par devers ledit Conseil; tout considéré, dit a été que ce procès se peut juger sans enquérir la vérité des faits desdits objets, et ce faisant que le Conseil a adjugé et adjuge auxdits pauvres de l'hospital tous et chacuns les biens qui ont appartenu audit de La Roche, lors du testament par lui fait en faveur desdits pauvres de ladite ville d'Aix, du 25 juin 1532, et a condamné et condamne ledit défendeur à soi désister et départir de la possession et jouissance d'iceux, et à rendre et restituer les fruits audit demandeur échus depuis le décez et trépas dudit de La Roche, et ez dépens de cette instance, etc. Compiègne, 16 septembre 1551. Collation est faite, signé Couton; collationné par nous Écuyer, Conseiller-Secrétaire du Roy, Maison Couronne de France en sa Chancellerie de Provence, signé Lordonet.